24 Janvier 1899
Bordeaux

Bordeaux le
24 Janvier 1899

V

COLLECTION

L. SOURIAUX

BORDEAUX
IMPRIMERIE ADMINISTRATIVE RAGOT
Rue de la Bourse, 11-13

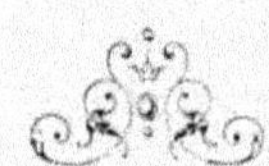

COLLECTION L. SOURIAUX

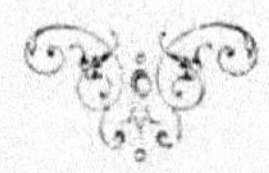

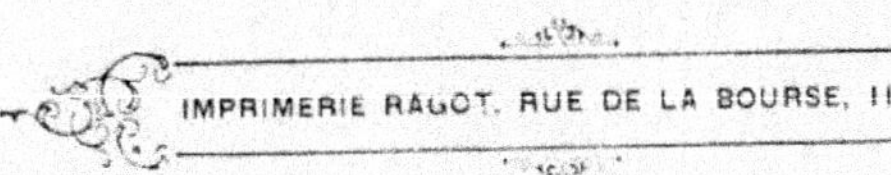
IMPRIMERIE RAGOT, RUE DE LA BOURSE, 11-13

NOTICE

pour servir à la vente aux enchères

DE

L'IMPORTANTE COLLECTION DE L. SOURIAUX

QUI AURA LIEU

Par suite de son décès

DANS L'HOTEL DES VENTES RUE DE GRASSI, 12 & 14, A BORDEAUX

Salle **A**

Les 24, 25, 26, 27, 28, 30, 31 Janvier, 1, 2, 3, 4, 6, 7, 8,

9 Février 1899 et jours suivants, s'il y a lieu

à 1 heure après midi

BELLES TAPISSERIES MURALES

OBJETS D'ART ET D'AMEUBLEMENT

BEAUX MEUBLES ANCIENS

en bois sculpté

SIÈGES, BIJOUX, ÉTOFFES

FAIENCES ET PORCELAINES ANCIENNES

Bordeaux (grande quantité), Delft, Moustiers, Nevers,

Strasbourg, Porcelaines Françaises et Allemandes

VERRES DE BOHÊME ET DE VENISE

ARMES, ÉMAUX, IVOIRES, TABLEAUX, GRAVURES

LIVRES, FERS FORGÉS, OBJETS DE VITRINE

ÉVENTAILS, OBJETS VARIÉS, ETC., ETC.

Mᵉ **A. BARINCOU** *Commissaire-Priseur*

15, RUE PORTE-DIJEAUX, A BORDEAUX

EXPOSITION PUBLIQUE

Le Lundi 23 Janvier, de 9 heures du matin à 5 heures du soir

CONDITIONS DE LA VENTE

Elle sera faite expressément au comptant.

Les acquéreurs paieront cinq pour cent, en sus du prix des adjudications.

Le Commissaire-Priseur chargé de la vente se réserve le droit de réunir où de diviser les lots.

L'ordre de la Notice ne sera pas suivi.

Les objets les plus importants seront vendus dans les premières vacations.

Les expositions mettant le Public à même de se rendre compte de l'état et de la nature des objets, aucune réclamation ne sera admise une fois l'adjudication prononcée.

En cas de contestation sur une enchère, l'objet sera remis en vente immédiatement.

AVIS

Indépendamment de l'exposition publique annoncée pour le lundi 23 Janvier, il y aura à partir du mardi 24, chaque matin, à l'hôtel de Grassi, salle A, de 9 heures à 11 heures, exposition spéciale et publique des objets qui devront être compris dans la vente du jour.

Cette dernière exposition sera faite pour éviter tout retard au moment de la mise en adjudication, et par suite il demeure établi qu'à la vente, les pièces seront seulement présentées sur le bureau et ne circuleront pas parmi le public.

ORDRE DE VENTE

MARDI 24 JANVIER : *Fers forgés, Tapisseries murales, Meubles recouverts en tapisserie.*

MERCREDI 25 JANVIER : *Faïences, Porcelaines, Grès, Verres de Bohême et de Venise.*

JEUDI 26 JANVIER : *Meubles, Glaces, Tableaux, Gravures.*

VENDREDI 27 JANVIER : *Faïences, Porcelaines, Grès, Verres.*

SAMEDI 28 JANVIER : *Armes.*

LUNDI 30 Dº : *Objets de vitrine, Éventails.*

MARDI 31 Dº : *Bronzes, Cuivre, Pendules, Chandeliers.*

MERCREDI 1er FÉVRIER : *Bijoux, Émaux, Argenterie.*

JEUDI 2 FÉVRIER ET JOURS SUIVANTS : *Objets variés.*

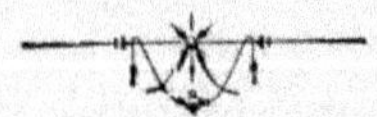

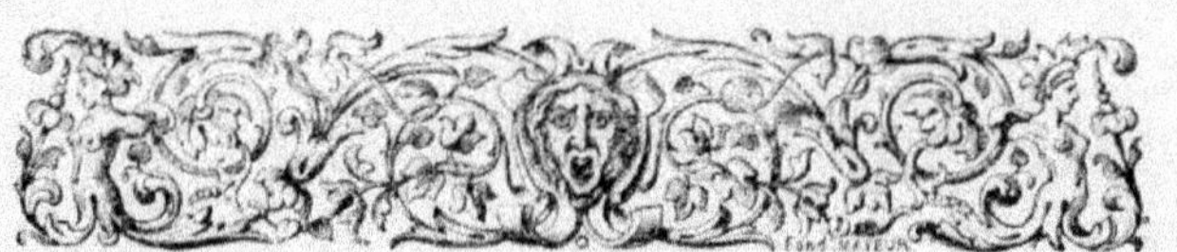

DÉSIGNATION SOMMAIRE

FAÏENCES DE BORDEAUX, DU MIDI ET DU SUD-OUEST

1. 2 Grands vases d'ornement en faïence polychrome de Bordeaux, avec couvercles, pièces très importantes.

2. 1 Grand plat, faïence de Bordeaux, décor du Bérain, avec inscription *Mme Castaing, sous-prieure de l'Annonciade.*

3. 1 Plat rond, faïence de Bordeaux, aux armoiries *Cartus Burdig.*

4. 1 Plat long, faïence de Bordeaux, aux armes *Cartus Burdig.*

5. 2 Colonnes de forme triangulaire, faïence de Bordeaux.

6. 1 Cruche trompe-l'œil, faïence de Bordeaux.

7. Grande fontaine, forme vase, faïence, vieux Bordeaux, décor bleu au lambrequin avec mascarons en saillie.

8. Soupière avec son plateau, faïence de Bordeaux.

9. 1 Soupière, faïence de Bordeaux.

10. 1 Assiette, faïence de Bordeaux, Mathurin Albert 1765.

11. 1 Assiette, faïence de Bordeaux, Françoise Gautt 1779.

12. 1 Soupière avec couvercle, faïence de Bordeaux.

13. 1 Soupière — —

14. 1 Soupière — —

15. 1 Soupière — —

16. 1 Soupière — —

17. 1 Dessus de soupière, —

18. 1 Soupière avec couvercle, —

19. 1 Soupière — —

20. 1 Soupière avec couvercle, faïence de Bordeaux.

21. 1 Petit dessus de soupière, —

22. 1 Dessus de soupière, —

23. 1 Soupière avec fruits, —

24. 2 Saucières, faïence de Bordeaux, armoiries intérieures.

25. 2 Bouquetiers, faïence de Bordeaux.

26. 1 Saladier, —

27. 1 Saucière à anses, —

28. 1 Saladier, —

29. 1 Écritoire, —

30. 1 Encrier, —

31. 1 Saladier, —

32. 1 Burette, —

33. 1 Tasse, —

34. 1 Bénitier, —

35. 4 Salières, 1 petit chat, faïence de Bordeaux.

36. 1 Boite à épice, —

37. 1 Biberon, —

38. 1 Potiche, —

39. 1 Petit sucrier, faïence de Bordeaux.

40. 1 Vase à personnages, faïence de Bordeaux.

41. 1 Petit vase, —

42. 1 Petit vase, —

43. 1 Petit vase, —

44. 1 Vase, —

45. 1 Cafetière, —

46. 1 Petite cafetière, —

47. 1 Cafetière, —

48. 1 Cafetière, —

49. 1 Petite cafetière, —

50. 1 Bidet, —

51. 1 Bidet, —

52. 1 Bidet, —

53. 1 Bidet, faïence de Bordeaux, avec personnages intérieurs.

54. Jardinière ou vasque, faïence de Bordeaux, décor grotesque.

55. 1 Jardinère, faïence de Bordeaux.

55*bis* 1 Jardinière, —

56. 1 Jardinière, faïence de Bordeaux.

57. 2 Jardinières, —

58. 1 Jardinière, —

59. 1 Jardinière, faïence de Bordeaux, tête de femme à l'intérieur.

60. 1 Jardinière, faïence de Bordeaux.

61. 1 Jardinière, —

62. 1 Jardinière, —

63. 1 Fontaine, faïence de Bordeaux, décor bleu.

64. 1 Fontaine, faïence de Bordeaux, avec guirlandes et oiseaux, sa vasque et son dessus.

65. 1 Fontaine avec couvercle, faïence de Bordeaux.

66. 1 Fontaine, faïence de Bordeaux, sujet chinois.

67. 1 Grande fontaine, forme vase, faïence de Bordeaux.

68. 1 Fontaine avec couvercle, faïence de Bordeaux.

69. 1 Vase de fontaine, faïence de Bordeaux.

70. 1 Pot de pharmacie, —

71. 1 Pot de pharmacie, —

72. 1 Pot de pharmacie, faïence de Bordeaux.

73. 1 Pot de pharmacie, —

74. 1 Pot de pharmacie, —

75. 1 Pot de pharmacie, —

76. 1 Pot de pharmacie, —

77. 1 Pot de pharmacie, —

78. 1 Pot de pharmacie, —

79. 1 Pot de pharmacie, —

80. 1 Pot de pharmacie, —

81. 1 Pot de pharmacie, —

82. 1 Pot de pharmacie, —

83. 1 Pot de pharmacie, —

84. 1 Pot de pharmacie, —

85. 1 Pot de pharmacie, —

86. 1 Pot de pharmacie, —

87. 1 Pot de pharmacie, —

88. 1 Broc avec couvercle, Bordeaux au grotesque, genre Moustiers.

89. 1 Petite cruche, faïence de Bordeaux.

90. 1 Pichet, —

91. 1 Pichet avec sujet grotesque, faïence de Bordeaux.

92. 1 Pichet, faïence de Bordeaux.

93. 1 Pichet avec couvercle, faïence de Bordeaux.

94. 1 Pichet — —

95. 1 Pichet — —

96. 1 Pichet — —

97. 2 Pichets, faïence de Bordeaux.

98. 3 Plats, —

99. 1 Plat à barbe, —

99bis 1 Pichet, —

100. 1 Plat long à anses, faïence de Bordeaux.

101. 1 Plat rond, —

102. 1 Petit plat octogone, —

103. 1 Petit plat — —

104. 1 Plat à barbe, faïence de Bordeaux.

105. 1 Plat long, —

106. 1 Plat à barbe, —

107. 1 Plat rond, —

108. 1 Plat long, —

109. 1 Plat à sauce ovale, faïence de Bordeaux.

110. 1 Plat, faïence de Bordeaux, à l'oiseau.

111. 1 Plat, faïence de Bordeaux, à l'œillet.

112. 1 Plat rond, faïence de Bordeaux, décor bleu.

113. 2 Plats, faïence de Bordeaux.

114. Plat rond, Bordeaux, genre Moustiers.

115. 1 Plat à barbe, faïence de Bordeaux.

116. 1 Plat à barbe avec fruits, faïence de Bordeaux.

117. 1 Plat à anses, faïence de Bordeaux.

118. 1 Petit plat long, —

119. 1 Plat, —

120. 1 Plat long, —

121. 1 Grand plat avec roses, faïence de Bordeaux.

122. 1 Écuelle avec couvercle, —

123. 1 Petit plat, faïence de Bordeaux.

123bis 1 Bouquetier, —

124. 1 Écuelle avec couvercle, faïence de Bordeaux.

124bis 1 Écuelle sans couvercle, —

125. 1 Écuelle avec couvercle, —

126. 1 Écuelle avec couvercle, faïence de Bordeaux.

127. 1 Écuelle — —

128. 1 Écuelle — —

129. 1 Plat long, faïence de Bordeaux.

130. 1 Plat creux, —

131. 1 Plat à barbe, —

132. 1 Plat à barbe, —

133. 1 Plat, faïence de Bordeaux, au grotesque.

134. 1 Plat long, faïence de Bordeaux.

135. 1 Plat long, —

136. 1 Plat long, —

137. 1 Plat long, —

138. 1 Plat à barbe, —

139. 1 Plat à barbe, —

140. 1 Assiette, faïence de Bordeaux, avec bouquets

141. 1 Assiette, —

142. 1 Petite jardinière, faïence de Bordeaux.

143. 7 Assiettes, —

144. 5 Assiettes, —

145. 4 Assiettes, —

146. 5 Assiettes, faïence de Bordeaux.

147. 10 Assiettes, faïence de Bordeaux, décor à l'œillet.

147bis 1 Encrier, faïence de Bordeaux.

148. 4 Assiettes, faïence de Bordeaux, au chien, décor Moustiers.

149. Piments en assiette, faïence du Midi, émail au naturel.

150. Plat d'œufs coupés en tranches, faïence du Midi.

151. Assiette citrons, jaune et vert avec feuillages, faïence du Midi.

152. Assiette d'olives, faïence du Midi.

153. Amendes en assiette. —

154. 6 Assiettes, —

155. 1 Assiette, —

156. 8 Assiettes, —

157. 1 Plat creux avec paysage, faïence du Midi.

158. 1 Jardinière, faïence du Midi.

159. 1 Gourde. —

160. 1 Assiette, —

161. 1 Pot de pharmacie, faïence du Midi.

162. 1 Gourde, —

163. 4 Assiettes, faïence du Midi et Bordeaux.

164. 1 Saladier, —

165. 1 Plat creux, —

166. 1 Ménagère, —

167. 1 Jardinière, —

168. 12 Assiettes, —

169. 1 Ravier, faïence du Sud-Ouest.

170. 1 Cafetière, —

171. 1 Plat creux, —

172. 1 Huilier avec burettes, faïence du Sud-Ouest.

173. 12 Assiettes, faïence du Midi.

174. 4 Assiettes, —

175. 5 Tasses, 3 Soucoupes, faïence de Bordeaux et du Sud-Ouest.

176. 1 Biberon, faïence du Sud-Ouest.

177. 1 Plat rond, —

178. 1 Grand plat long, faïence de Saintonge.

179. Plat ovale, faïence de Bergerac (oiseaux).

180. 1 Fontaine, faïence de La Rochelle.

181. 1 Pichet, —

182. 2 Vases avec guirlandes de fleurs, faïence de La Rochelle.

183. 2 Assiettes, faïence de Montpellier.

184. 1 Soupière, —

185. 1 Porte huilier, —

186. 1 Plat ovale, —

187. Saladier d'olives au naturel, décor à bouquets, faïence de Montpellier.

188. 1 Plat, faïence de Montauban au lambrequin.

FAÏENCE DE DELFT

189. 1 Grande fontaine, faïence de Delft.

190. 2 Bouteilles, faïence de Delft.

191. 1 Bouteille, —

192. 1 Broc, faïence de Delft, à personnages.

193. 1 Potiche, faïence de Delft.

194. 1 Potiche, —

195. 1 Grande potiche, faïence de Delft.

196. Potiche Delft bleu.

197. 1 Cornet, faïence de Delft, avec personnages.

198. 1 Porte huilier, faïence de Delft.

199. 1 Potiche, —

200. 2 Plats à compartiments, décors chinois, faïence de Delft.

201. 1 Plat, faïence de Delft.

202. 1 Plat, —

203. 1 Plat, —

204. 1 Plat, faïence de Delft, décor chinois.

205. 1 Plat, faïence de Delft.

206. 1 Petit plat, faïence de Delft.

207. 1 Grand plat, —

208. 1 Plat, —

209. 1 Plat rond, —

210. 1 Plat rond, —

211. 1 Grand plat rond creux, faïence de Delft, décor bleu.

211bis 4 Potiches, faïence de Delft, avec couvercles.

212. Grand plat rond, faïence de Delft, décor bleu.

213. Grand plat rond, — —

214. 1 Plat, faïence de Delft.

215. 1 Plat, —

216. 1 Grand plat rond, faïence de Delft.

217. 1 Hanap, faïence de Delft, forme casque.

218. 1 Petit crachoir, faïence de Delft.

219. 1 Bol, faïence de Delft.

220. 1 Bol, —

221. 1 Bol, —

222. 1 Grand bol, faïence de Delft.

223. Chandelier à cheville, décor bleu, faïence de Delft.

224. 1 Pichet, faïence de Delft.

225. 3 Assiettes, —

226. 1 Assiette, —

227. 1 Assiette, —

228. 1 Assiette, —

229. 7 Assiettes, —

230. 6 Assiettes, —

231. 6 Assiettes, faïence de Delft, décor bleu.

232. 6 Assiettes, — —

233. 7 Assiettes, — —

234. 6 Assiettes, — —

FAÏENCE DE MARSEILLE

235. Plat, faïence de Marseille.

236. Plat, faïence de Marseille, décor fruits et poissons.

237. Plat, faïence de Marseille, décor fruits et poissons.

238. Plat, faïence de Marseille, décor fruits et poissons.

239. Plat, faïence de Marseille, décor fruits et poissons.

240. Asperges sur plat, faïence de Marseille.

241. 1 Ménagère à 4 pans, Louis XV, faïence de Marseille.

242. Saucière, faïence de Marseille.

243. 1 Plat, —

244. 1 Petit plat, faïence de Marseille.

245. 2 Assiettes, —

246. 1 Saucière, —

247. 1 Petit plat, —

248. 1 Petit plat, —

249. 1 Sucrier, —

250. 1 Sucrier, —

251. Compotier, —

252. 1 Huilier avec ses burettes, faïence de Marseille.

253. 1 Cache pot, faïence de Marseille.

FAÏENCE DE MOUSTIERS

254. 1 Très beau plat Moustiers, décor au centre : *Satyres prenant leur repas.*

254bis 1 Plateau, faïence de Moustiers, décor de Bérain.

255. Soupière ovale, faïence de Moustiers polychrome.

256. Soupière ovale, faïence de Moustiers polychrome.

257. Soupière ovale, faïence de Moustiers polychrome.

258. Soupière ovale, faïence de Moustiers polychrome.

259. 1 Grande jardinière-bouquetier, faïence de Moustiers, au grotesque.

260. 1 Plat, faïence de Moustiers.

261. 2 Assiettes, faïence de Moustiers, décor au drapeau.

262. 1 Assiette, faïence de Moustiers, décor au drapeau.

263. 1 Assiette, faïence de Moustiers, décor au drapeau.

264. 1 Pichet, faïence de Moustiers.

265. 1 Petite fontaine, faïence de Moustiers, VARAGE.

266. 1 Plat ovale, faïence de Moustiers, décor chinois.

267. 1 Plat long, faïence de Moustiers.

268. 1 Soupière, —

269. 1 Petite chope, faïence de Moustiers.

270. 1 Dessus de soupière, faïence de Moustiers, au grotesque.

271. 1 Bidet, faïence de Moustiers.

272. 1 Fontaine, —

273. 1 Saucière, —

274. 1 Jardinière, —

275. 1 Assiette, —

276. 1 Plat, —

277. 2 Dessus de soupière, faïence de Moustiers, décor au drapeau.

277bis 2 Plats, faïence de Moustiers, au grotesque.

278. 1 Assiette, faïence de Moustiers vert.

279. 1 Plat long, —

280. 1 Plat long, —

281. 1 Assiette, faïence de Moustiers, Varage.

282. 1 Moutardier, 1 crémier, faïence de Moustiers.

283. Plat ovale, faïence de Moustiers vert et jaune.

284. Plat ovale, faïence de Moustiers vert.

285. Plat ovale, — —

286. Plat ovale, faïence de Moustiers vert.

287. 1 Jardinière, faïence de Moustiers polychrome.

288. 1 Plat ovale, faïence de Moustiers polychrome.

289. 2 Plats, faïence de Moustiers.

290. 1 Plateau, faïence de Moustiers, chimère et personnages.

291. 4 Assiettes, faïence de Moustiers, décor grotesque.

292. 6 Assiettes, faïence de Moustiers vert au chinois.

293. 1 Assiette, faïence de Moustiers.

294. 1 Plat creux, —

295. 2 Plats, —

296. 6 Assiettes, faïence de Moustiers vert.

297. Couvercle de soupière, faïence de Moustiers, fleurs jaunes.

297bis 1 Plat, faïence de Moustiers, à guirlandes.

FAÏENCE DE NEVERS

298. Hanap casque, faïence de Nevers grand bleu et décor jaune, monté sur pied en bronze gravé.

298bis 1 Jardinière, faïence de Nevers.

299. Grande jardinière octogonale à anses, milieu de tables, ornements persans, faïence de Nevers.

300. 1 Lion, faïence de Nevers.

301. 1 Lion, —

302. 1 Petite fontaine, faïence de Nevers.

303. Chope, faïence de Nevers polychrome.

304. 1 Potiche, faïence de Nevers.

305. 1 Potiche, —

306. 1 Potiche, —

307. 1 Grande potiche à anses, faïence de Nevers.

308. 1 Pot pharmacie, —

309. 1 Pot pharmacie, —

310. 1 Moule à pâté, —

311. 1 Gourde, faïence de Nevers.

312. 1 Gourde, —

313. 1 Porte-lumière, faïence de Nevers.

314. 1 Légumier choux-fleur, faïence de Nevers.

315. 1 Porte-lumière, —

316. 2 Poires, —

317. 1 Dessous de ménagère, —

318. 1 Pichet, faïence de Nevers, couvercle étain.

319. 1 Fontaine, faïence de Nevers.

320. 1 Vierge, —

321. 1 Vierge, —

322. 1 Vierge, —

323. 1 Chope, —

324. 1 Pichet, —

325. 1 Gourde, —

326. 1 Canard, —

327. Broc, faïence de Nevers, couvercle et pied étain.

328. 1 Vase à anses, faïence de Nevers.

329. 1 Assiette, —

330. 1 Encrier, —

FAÏENCE DE ROUEN

331. 1 Grand plat à bords contournés, faïence de Rouen, corbeille de fleurs au centre.

332. 1 Plat creux octogonal, décor bleu rayonnant, faïence de Rouen.

333. 1 Plat rond, forme Louis XV, décor bleu, faïence de Rouen.

334. Plat octogonal, faïence de Rouen, au centre corbeille de fleurs.

335. Assiette, faïence de Rouen, décor dit à la corne.

336. Assiette, faïence de Rouen, décor dit à la corne.

337. 1 Grand plat, faïence de Rouen, au grotesque.

338. Grand plat octogone, faïence de Rouen, camaieu bleu.

339. 1 Plat creux octogonal, Rouen.

340. Grand plat octogone, faïence de Rouen, camaïeu bleu.

341. Grand plat, faïence de Rouen, camaïeu bleu.

342. 1 Grande fontaine, avec sa vasque, faïence de Rouen polychrome.

343. 1 Grande fontaine, faïence de Rouen bleu, décor au lambrequin.

344. 1 Porte-huilier, faïence de Rouen

345. 1 Potiche, —

346. 1 Grand plat, —

347. Bacchus, fontaine de vin, faïence de Rouen, ornements bleus.

348. 1 Plat creux à bords contournés, faïence de Rouen.

349. 1 Petit plat à bords contournés, faïence de Rouen.

350. 2 Plats ronds, faïence de Rouen.

351. 1 Plat rond, —

352. 1 Plat ovale, —

353. 1 Plat ovale, —

354. 1 Potiche, faïence de Rouen.

355. 1 Plat rond, faïence de Rouen, à la corne.

356. 1 Petit plat, faïence de Rouen.

357. 1 Grand plat creux, faïence de Rouen.

358. 1 Plat, faïence de Rouen, à pans coupés, décor bleu.

359. 1 Plat, faïence de Rouen.

360. 1 Plat, faïence de Rouen, décor bleu.

361. 1 Plat, faïence de Rouen.

362. 1 Plat, —

362bis 1 Bouquetier polychrome.

363. 1 Plat long, faïence de Rouen.

364. 1 Plat long, —

365. 1 Petite jardinière, faïence de Rouen.

366. 1 Grand plat, —

367. 1 Plat à anses, —

368. 1 Petit moutardier, —

369. 1 Grand plat, —

370. 1 Grand plat, —

371. 1 Porte huilier, —

372. 1 Pichet, faïence de Rouen.

373. 1 Burette, —

374. 1 Bidet, —

375. 1 Bidet, —

376. 1 Plat, faïence de Rouen, au cornet.

377. 1 Mortier, faïence de Rouen.

378. 1 Écuelle à anses, faïence de Rouen.

379. 1 Dessus de soupière, faïence de Rouen, à la corne.

380. 1 Plat Rouen à la corbeille, avec personnages.

381. 1 Soupière, faïence de Rouen.

FAÏENCE DE STRASBOURG

382. Soupière ovale, faïence de Strasbourg, à la rose.

383. Soupière ronde, faïence de Strasbourg, à la tulipe.

384. 1 Pot à eau avec cuvette, faïence de Strasbourg dorée.

385. Soupière avec son plateau, faïence de Strasbourg.

386. 1 Jardinière, faïence de Strasbourg.

387. 1 Petit bol, faïence de Strasbourg, doré.

388. 2 Assiettes, faïence de Strasbourg.

389. 1 Saucière avec plat, faïence de Strasbourg.

390. 7 Assiettes, faïence Hageneau, au chinois.

391. 1 Petit plat, faïence de Strasbourg.

392. 2 Assiettes. —

393. 1 Plat, —

394. 10 Assiettes, —

395. 9 Assiettes, —

396. 1 Cuvette, —

397. 1 Encrier, —

398. 1 Petit sucrier, —

399. 1 Petite jardinière, faïence de J. Hannong.

400. 1 Plat, faïence de J. Hannong.

401. 1 Porte-huilier, faïence de Strasbourg.

402. 1 Sucrier, —

403. 1 Porte-huilier, —

404. 1 Plat ajouré, faïence de Strasbourg.

405. 1 Soupière, faïence de Strasbourg, dorée.

406. 1 Pichet, faïence de Strasbourg.

407. 1 Porte-huilier, —

408. 1 Dessus de soupière, faïence de Strasbourg.

409. 1 Jardinière, —

410. 10 Assiettes, faïence du Midi et de Strasbourg.

411. 4 Assiettes Alsace.

FAÏENCE DE SAVONNE

412. 1 Plat godronné, faïence de Savonne.

413. 1 Grand plat godronné, —

414. 1 Plat, faïence de Savonne.

415. 1 Plat, —

416. 1 Plat godronné, faïence de Savonne.

417. 3 Plats godronnés, faïence de Savonne, en blanc.

FAÏENCE DE SINCENY

418. 1 Grand plat, faïence de Sinceny.

419. 1 Plat, —

420. 1 Plat, —

421. 1 Plat, —

422. 1 Plat bleu, —

423. 1 Plat rond creux, faïence de Sinceny polychrome.

424. 1 Plat bleu, faïence de Sinceny.

425. 1 Plat, —

426. 2 Assiettes, —

427. 1 Plat, —

428. 1 Plat rond, faïence de Sinceny polychrome.

429. 1 Petit saladier, faïence de Sinceny.

430. 1 Petit ravier, —

FAÏENCE DE SAINT-CLÉMENT

431. 2 Assiettes, faïence de Saint-Clément.

432. 1 Ravier, —

433. 1 Beurrier, —

434. 1 Sucrier, —

PORCELAINES DE SAXE ET ALLEMANDE

435. 1 Plat à barbe, porcelaine Saxe.

436. 6 Assiettes, —

437. 1 Grand plat, —

438. 1 Pichet à anses, —

439. 1 Petit sucrier, —

440. 1 Plat rond, —

441. 1 Plat creux, porcelaine de Ludwisbourg-Saxe.

442. 1 Plat creux, porcelaine de Ludwisbourg-Saxe.

443. 2 Assiettes, porcelaine de Saxe.

444. 1 Assiette, —

445. 2 Assiettes, —

446. 1 Théière, 1 Sucrier, porcelaine de Saxe.

447. 1 Bouquetier, forme de melon, —

447*bis* 1 Statuette, porcelaine de Saxe.

448. 1 Petite lorgnette, porcelaine de Saxe.

449. 1 Encrier, terre cuite vernissée, Saxe.

450. 2 Petites statuettes, porcelaine de Saxe.

451. 1 Broc, porcelaine de Saxe.

452. Melon et feuillage sur plateau, terre de pipe Allemande.

453. 1 Petite cafetière, porcelaine Allemande.

454. 1 Cafetière, porcelaine Allemande.

455. 1 Veilleuse, —

456. 1 Cafetière, porcelaine de Berlin.

457. 1 Broc, porcelaine Allemande.

458. 1 Sucrier, porcelaine de Berlin.

459. 1 Petit pot, porcelaine Allemande.

460. 1 Petit pot à anses, porcelaine Allemande.

461. 1 Pot de pharmacie.

462. 1 Petit vase à anses, porcelaine de Berlin.

463. Melon et feuillage sur plateau, terre de pipe Allemande.

464. 1 Pichet, porcelaine Allemande.

465. 2 Pipes, —

465bis 2 Petites tasses avec sous-tasses, Berlin, pâte dure, Wegeley.

PORCELAINE DE SÈVRES

466. 1 Corbeille, porcelaine de Sèvres, à la Reine, décors de Dessotte.

467. 1 Crémier, porcelaine de Sèvres.

468. 1 Assiette, —

469. 6 Assiettes, —

PORCELAINE ET FAÏENCE DIVERSES

470. 85 Assiettes, 15 plats, 1 soupière avec couvercle, porcelaine Barbeau et fleurettes dorées Marly en couronne, manufacture de M. le Duc d'Angoulême, Paris.

471. 1 Plat à barbe, porcelaine à la Reine.

472. 2 Assiettes, porcelaine de Chantilly.

473. 1 Plat, porcelaine de Paris.

474. 3 Assiettes, —

475. 2 Assiettes, vieux Paris.

476. 1 Assiette, —

477. 1 Crémier, porcelaine de Paris.

478. 1 Biberon, vieux Paris.

479. 1 Cafetière, —

480. 1 Petit pot à crème, vieux Paris.

481. 1 Pichet, vieux Paris.

482. 1 Théière —

483. 2 Assiettes, porcelaine vieux Paris.

484. 1 Saucière, vieux Paris.

485. 1 Petit sucrier, vieux Paris.

486. 1 Cachepot, faïence Paris, 1780.

487. 6 Tasses, 6 soucoupes, vieux Paris.

488. 1 Saucière, Barbeau.

489. 1 Plat ajouré, fleurettes, Barbeau.

490. 9 Assiettes, —

491. 2 Plats, fleurettes, BARBEAU.

492. 2 Tasses, 2 soucoupes Empire.

493. 1 Petite cafetière, porcelaine d'Orléans.

494. 1 Cafetière à 3 pieds avec couvercle, de Ludwigsbourg.

495. 1 Chope, porcelaine d'Anspach.

496. 1 Corbeille, faïence d'Alcora.

497. 1 Pot à eau et cuvette, faïence de Sceaux.

498. 1 Vase Empire, porcelaine.

499. 7 Petits bols, 2 soucoupes, fabrique de Creil, avec personnages.

500. 1 Vase Empire, porcelaine dorée, avec sujet.

501. 1 Potiche, faïence Hollandaise.

502. Légumier choux-fleur, couleur naturelle, faïence de Rennes.

503. Choux, faïence de Rennes.

504. 1 Vase Empire avec socle, sujet : *Bataille.*

505. 1 Colonne, faïence, surmontée d'une boule fleurdelisée.

506. 1 Vasque, faïence de Desvres, (Pas de-Calais).

507. 1 Petite fontaine.

508. Chope, faïence de Cologne, couvercle étain.

509. Poisson dressé, faïence de Tournay.

510. 1 Chope, faïence de Saint-Amand.

511. 1 Sucrier, vieux Limoges.

512. 2 Assiettes, porcelaine, vieux Limoges.

513. 1 Crémier, vieux Paris.

514. 1 Sucrier, porcelaine de Limoges.

515. 7 Tasses, 7 sous-tasses, 1 pot à lait, vieux Limoges.

516. 1 Plat ajouré, Samadet,

517. Soupière, —

518. 1 Plat ovale, faïence de Samadet, fleurs au Marly, personnages au centre.

519. Soupière ovale, faïence de Samadet, décor au chinois.

520. 1 Bouteille, faïence de Samadet.

521. Soupière ovale, —

PORCELAINE DE CHINE

522. 1 Assiette, porcelaine de Chine, avec personnages : *Satyre et bacchante.*

523. 1 Assiette, porcelaine de Chine dorée, avec personnages.

524. 1 Théière, Chine dorée.

525. 2 Assiettes, porcelaine de Chine.

526. 1 Pot, vieille porcelaine de Chine.

527. 1 Cafetière, avec couvercle, porcelaine de Chine.

528. 2 Grands vases, porcelaine de Chine.

529. 1 Cafetière, —

530. 2 Assiettes, —

531. 1 Cafetière, —

532. 1 Assiette, —

533. 1 Cafetière, —

534. 1 Petite théière, porcelaine vieux Chine.

535. 1 Cafetière, porcelaine de Chine.

536. 1 Sucrier, —

537. 1 Potiche, porcelaine de Chine.

538. 1 Grande statuette, porcelaine de Chine, en blanc.

539. 1 Statuette, porcelaine de Chine.

540. 1 Statuette, —

541. 1 Sucrier avec couvercle, porcelaine de Chine.

542. 1 Théière, porcelaine de Chine.

543. 1 Cafetière, —

544. 1 Cafetière, —

545. 1 Groupe, —

546. 1 Chinois, —

547. 1 Groupe, —

548. 1 Petit vase, —

549. 1 Vase, —

550. 3 Assiettes, —

551. 1 Dessus de soupière, porcelaine de Chine.

552. 1 Théière, porcelaine de Chine craquelée.

PORCELAINE DU JAPON

553. 6 Assiettes, Japon, famille rose, couronne Impériale Japon et anagrammes.

554. 1 Plat, Japon doré, avec armoiries.

555. 1 Grand plat octogone, Japon doré, armoiries au centre.

556. 1 Grande potiche, Japon bleu.

557. 1 Statuette vernissée, Japon.

558. 1 Potiche, Japon, avec couvercle.

559. 1 Cornet, Japon, en relief.

560. 1 Petit plat, Japon bleu

561. 7 Tasses, 8 soucoupes, Japon bleu.

562. 1 Cafetière, Japon bleu.

563. 1 Plat, Japon doré.

564. 1 Petite potiche, porcelaine Japon.

565. 2 Bouteilles, porcelaine Japon bleu.

566. 1 Grand plat, faïence du Japon.

567. 1 Grand plat, Japon doré.

568. 1 Plat, porcelaine dorée du Japon.

569. 1 Plat, porcelaine du Japon.

570. 1 Grand plat rond, porcelaine du Japon.

571. 1 Potiche, porcelaine du Japon.

572. 1 Potiche, porcelaine Japon bleu et doré, en relief.

573. 1 Potiche, Japon, avec couvercle.

574. 2 Bouteilles, porcelaine Japon.

575. 1 Potiche, Japon doré.

576. 1 Plat creux octogonal, porcelaine Japon.

577. 1 Réchaud, porcelaine du Japon.

578. 1 Plat creux, Japon bleu.

FAÏENCE ITALIENNE

579. 1 Vase avec son plateau, faïence Italienne.

580. 1 Grand plat, faïence Italienne, sujet : *La Samaritaine.*

581. 1 Petit plat godronné, faïence Italienne.

582. 1 Plat godronné, —

583. 1 Plat, faïence Italienne.

584. 1 Bénitier, faïence Italienne.

585. 1 Bénitier, —

586. 1 Plat long, —

587. 1 Bouteille, faïence Italienne, Faenza.

588. 3 Plats, faïence Italienne.

589. 1 Grand plat, faïence Italienne.

WEDGWOOD ET GRÈS

590. 1 Soupière Wedgwood.

591. 1 Cachepot, biscuit Wedgwood.

592. 1 Théière Wedgwood.

593. 1 Petit plat, —

594. 1 Grand plat, —

595. 1 Théière Wedgwood, avec personnages.

596. Porte huilier et épices, faïence Anglaise (6 pièces), XVIIIe siècle.

597. 1 Pot à tabac, vieux grès.

598. 1 Cafetière en grès.

599. 1 Soupière avec plat en grès, en blanc.

600. 1 Plat grès, en blanc.

601. 1 Pichet en grès, sujet : *Scène champêtre.*

602. 1 Jardinière vieux grès, en blanc.

603. 2 Grandes buires à personnages, en grès, en blanc.

604. 1 Bouquetier, vieux grès.

605. 1 Plat vieux grès, à anses.

606. 1 Plat, vieux grès.

607. 1 Petit plat, grès ajouré.

608. 1 Cafetière, vieux grès.

609. 1 Pichet, —

610. 1 Soupière, —

611. 15 Pièces vieux grès, à bouquets rouges.

612. 1 Cuvette, 1 pot à eau, en grès, à fleurs.

613. 1 Petit légumier, vieux grès ajouré, en blanc.

614. 1 Fontaine avec sa vasque, grès vernissé.

615. 14 Assiettes, terre de pipe émaillée, Marly ajourées.

616. 9 Assiettes, terre de pipe émaillée, décor d'oiseaux.

HISPANO-MAURESQUE ET PERSAN

617. Grande fontaine en terre cuite vernissée, personnages et reptiles en ornementation Espagnole, XVe siècle.

618. Pâté rond, terre brune de Nîmes, champ de fleurs de lis en ronde bosse.

619. 1 Grande fontaine, terre vernissée d'Avignon.

620. Pâté de lièvre à la Royale, lièvre en relief et fleurdelisé, faïence d'Avignon.

621. Pâté de lièvre à la Royale, lièvre en relief et fleurdelisé, faïence d'Avignon.

622. 1 Vase Hispano-Mauresque, reflets métalliques.

623. 1 Fontaine, faïence d'Avignon.

624. 1 Plat, genre Palissy.

625. 1 Plat, genre Persan, terre vernissée.

626. 1 Grand plat, terre vernissée.

627. 1 Broc, terre vernissée.

628. 1 Groupe, terre cuite vernissée.

629. 1 Broc avec cuvette, terre vernissée.

630. 1 Fontaine, terre vernissée.

631. 1 Soupière, terre vernissée.

632. 2 Tonnelets, faïence de Sarreguemines.

633. Bonhomme buveur, coquemar, faïence de Sarreguemines, rouge brun.

634. 1 Grand plat, faïence Espagnole.

635. 1 Grand plat Persan.

636. 5 Assiettes, genre Persan.

637. 1 Plat, genre Palissy.

638. 1 Plat, —

639. 1 Plat, Hispano-Mauresque.

640. 1 Plat, —

641. 1 Petit plat —

642. 1 Cariatide terre vernissée.

643. 60 Pièces terre cuite : vases, pichets, brocs, Orientales et Gallo-Romaines.

644. **750 Pièces faïences et porcelaines de Moustiers, Nevers, Delft, Rouen, Chine, Japon, Saxe, Sèvres.**

VERRES DE VENISE, DE BOHÊME ET FRANÇAIS

645. 1 Lustre, verre de Venise, à 6 branches.

646. 2 Calices, verre de Venise, avec gravure ou sujet de chasse.

647. 1 Glace, verre de Venise.

648. 1 Chandelier, —

649. 1 Bénitier, —

650. 1 Bénitier, —

651. Fragments de bénitier, verre de Venise.

652. 1 Flacon à odeur, verre de Venise, gravé.

653. 2 Burettes, verre de Venise.

654. 1 Calice, —

655. 1 Glace, —

656. 2 Candélabres, verre de Bohême, taillés, pendeloques en guirlande, cristal de roche.

657 1 Petit flacon, verre de Bohême.

658. 1 Petit flacon, —

659. 1 Sucrier, —

660. 1 Flacon à odeur, verre de Bohême, gravé or.

661. 1 Petit sucrier, verre de Bohême.

662. 1 Petite bouteille, —

663. 1 Carafe, —

664. 1 Calice, —

665. 1 Cruche, —

666. 1 Flacon, verre de Bohême, avec peintures en relief.

667. 1 Flacon, verre de Bohême, avec peintures en relief.

668. 1 Verre de Bohême, avec couvercle.

669. 1 Pichet, verre de Bohême.

670. Burettes et plateau, verre de Bohême, taillé et doré.

671. 1 Bouteille pansue à 4 compartiments, verre Français.

672. Grande carafe à 4 compartiments, verre Français, avec 4 plaquettes émail.

673. 1 Broc, verre opale Hollandais.

674. 1 Broc, — —

675. 1 Broc, — —

676. 1 Calice, verre gravé, avec armoiries.

677. 1 Calice, verre gravé, avec sujet chasse.

678. 1 Verre, avec armoiries gravées.

679. 1 Verre, — —

680. 1 Lampe-quinquet, vieux verre.

681. 1 Verre gravé, sur 3 pieds.

682. 1 Petit carafon, vieux verre, gravé or.

683. 2 Vases, cristal taillé.

684. **250 Pièces : hanaps, vidrecomes, calices, récipients et verres à pied taillés, gravés, dorés et filigranés, verre et cristal Venise et Bohême.**

ÉMAUX, MARBRES, ÉTAIN

685. 1 Email de Baptiste Nouaillés, à Limoges.

686. 1 Email, *St-Jean-Baptiste*.

687. 1 Plat en émail, imitation Rouen.

688. 1 Plat creux, émail bleu et or.

689. 2 Chandeliers émail.

690. 1 Petite bonbonnière émail, avec personnages.

691. 1 Boîte à thé, émail Chine.

692. 1 Encrier émail

693. 1 Chope —

694. 1 Cuvette —

695. 2 Salières —

696. 1 Assiette étain, avec armoiries.

697. 1 Assiette, —

698. 1 Plateau, —

699. 1 Plat à anses, étain.

700. Tête d'Amour, marbre Florentin, xve siècle.

701. 1 Vénus, marbre.

702. 20 Paires pantoufles ou chaussons Louis XIV, Louis XV et Louis XVI.

TAPISSERIES

703. 1 Très belle tapisserie des Flandres Louis XIV, avec personnages, panneau gothique, hauteur 1m65, largeur 5m50.

704. 1 Tapisserie de Beauvais : *Chasse au sanglier*, hauteur 3m10, largeur 1m20.

705. 1 Tapisserie de Beauvais : *Chasse au sanglier*, hauteur 3m10, largeur 1m20.

706. 1 Tapisserie des Flandres, à grands personnages, hauteur 2m85, largeur 2m54.

707. 1 Tapisserie des Flandres, à petits personnages, hauteur 2m48, largeur 0m95.

708. 1 Grande cantonnière à 4 tombants, tapisserie des Flandres, largeur 7 mètres.

709. 1 Tapisserie de Beauvais, avec médaillon et petits personnages, longueur 3m20, largeur 2 mètres.

710. 1 Tapisserie Beauvais, petits personnages et verdure, longueur 2m50, largeur 1m10.

711. 1 Tapisserie Beauvais, petits personnages et verdure, longueur 2m20, largeur 1m20.

712. 1 Tapisserie Beauvais, petits personnages et verdure, longueur $2^{m}45$, largeur $1^{m}40$.

713. 1 Tapisserie Beauvais, grands personnages, longueur $1^{m}80$, largeur $1^{m}20$.

714. 1 Tapisserie Beauvais, grands personnages, longueur $2^{m}50$, largeur 1 mètre.

715. 1 Tapisserie Beauvais, grands personnages, longueur $2^{m}45$, largeur $0^{m}80$.

716. 1 Tapisserie d'Aubusson, avec bordure, à grands personnages, largeur $3^{m}95$, hauteur $2^{m}90$.

717. 1 Tapisserie d'Aubusson, petits personnages, largeur $2^{m}85$, hauteur $2^{m}80$.

718. 1 Tapisserie d'Aubusson, verdure, largeur $2^{m}50$, hauteur $2^{m}45$.

719. 1 Tapisserie d'Aubusson, à grands personnages, largeur $2^{m}20$, hauteur $3^{m}20$.

720. 1 Tapisserie d'Aubusson, à grands personnages, largeur $1^{m}60$, hauteur $2^{m}70$.

721. 1 Tapisserie d'Aubusson, à petits personnages, avec bordure, largeur $1^{m}50$, hauteur $2^{m}65$.

721 *bis* 1 Tapisserie d'Aubusson, à petits personnages, avec bordure, largeur $1^{m}50$, hauteur $2^{m}65$.

722. 1 Tapisserie des Flandres, avec personnages, largeur 1 mètre, hauteur $3^{m}45$.

723. 1 Tapisserie des Flandres, à grands personnages, largeur $2^{m}80$, hauteur $3^{m}25$.

724. 1 Tapisserie d'Aubusson, paysage et bordure, largeur $1^{m}80$, hauteur, $2^{m}80$.

725. 1 Tapisserie d'Aubusson, paysage avec animaux, verdure, largeur $0^{m}85$, hauteur $2^{m}40$.

726. **80 Morceaux ou panneaux tapisseries de Beauvais, Aubusson et Flandres.**

726bis **40 Morceaux cuir de Cordoue.**

MEUBLES ANCIENS ET OBJETS D'AMEUBLEMENT

727. 1 Glace avec cadre sculpté.

728. 1 Glace Louis XIII, cadre cuivre repoussé.

729. 1 Console Louis XVI, bois doré, dessus de marbre.

730. 1 Console Louis XV.

731. 1 Glace Louis XIV, cadre bois sculpté, avec fronton.

732. 1 Glace en deux pièces, cadre Louis XVI.

733. 1 Glace Louis XVI.

734. 1 Petite glace Louis XVI, avec fronton.

735. 1 Lit Empire.

736. 1 Lit Louis XVI, garni vieille soie et velours.

737. 1 Lit Louis XV, garni vieille soie et velours.

738. 1 Lit à colonnes, style Renaissance.

739. 1 Bahut Louis XV, à panneaux sculptés, sujets religieux.

740. 1 Bahut Louis XIII à 2 corps, colonnes torses.

741. 1 Commode Empire, marqueterie, garnitures cuivre.

742. 1 Coffret en bois, Louis XIII.

743. 1 Bahut, niche, avec tabernacle marbre.

744. 1 Bahut Louis XIV à 2 corps, pointes de diamants.

745. 1 Crédence Louis XIV.

746. 1 Coffre Louis XIII, avec personnages sculptés.

747. 1 Bahut Louis XIII, cariatides et personnages.

748. 1 Encoignure Louis XV, marqueterie et dessus de marbre.

749. 1 Commode Louis XVI, à damiers,

750. 1 Petit meuble Italien à tiroirs, marqueterie et ivoire.

751. 1 Vaisselier à 2 corps, Louis XIII.

752. 1 Coffre à tiroirs, marqueterie.

753. 1 Commode Louis XIV, marqueterie, garnitures cuivre et dessus de marbre.

754. 1 Commode Louis XVI, marqueterie et dessus de marbre.

755. 4 Colonnes Louis XIII, avec chapiteaux.

756. 4 Colonnes Louis XIII, sculptées et dorées.

757. 1 Table-cabaret Louis XV.

758. 1 Ecran Louis XVI.

SIÈGES RECOUVERTS EN TAPISSERIE ET AUTRES

759. 1 Chaise Louis XIII, recouverte en cuir de Cordoue.

760. 1 Fauteuil Louis XIII, recouvert en cuir de Cordoue.

761. 1 Fauteuil Louis XIII, recouvert au petit point.

762 1 Fauteuil Louis XIII, recouvert en tapisserie de Beauvais.

763. 1 Grand canapé Louis XIII, recouvert au point.

764. 1 Fauteuil Louis XIV, recouvert au point.

765. 1 Fauteuil Louis XIII, recouvert vieille soie.

766. 1 Fauteuil style Louis XIII, foncé de paille.

767. 1 Fauteuil Louis XVI, recouvert au point.

768. 1 Chaise Henri IV, recouverte vieille soie.

769. 1 Chaise Henri IV, — —

770. 1 Fauteuil Louis XIII, bande velours de Gênes.

771. 1 Fauteuil Louis XIII, point de St-Cyr.

772. 1 Fauteuil Louis XIV, recouvert au point.

773. 1 Fauteuil Louis XIV, — —

774. 1 Fauteuil Louis XVI, recouvert vieille soie.

775. 1 Chaise Louis XIII, recouverte point de St-Cyr.

776. 1 Bergère Louis XV, recouverte vieille soie.

777. 1 Bergère style Louis XIII, recouverte vieille soie.

778. 1 Fauteuil Louis XIV, recouvert au point.

779. 1 Fauteuil Louis XIII, recouvert vieille soie.

780. 1 Fauteuil Louis XIV, recouvert au point.

781. 1 Fauteuil Louis XIII.

782. 1 Tabouret Louis XIII.

783. 1 Fauteuil Henri IV.

784. 1 Fauteuil Henri IV, foncé rotin.

785. 1 Chaise Henri IV, foncée rotin.

786. 1 Chaise — —

787. 2 Chaises Louis XIII, recouvertes au point.

788. 1 Fauteuil Louis XVI, recouvert vieille soie.

789. 1 Fauteuil Louis XIII, recouvert au point.

790. 1 Chaise style Louis XIII.

791. 1 Chaise Louis XIII, recouverte en soie.

792. 1 Chaise Henri IV.

793. 1 Chaise Louis XIII, recouverte cuir de Cordoue.

794. 1 Fauteuil Henri II.

795. 1 Fauteuil Louis XIV, recouvert au point.

796. 1 Fauteuil, style Louis XIII, au petit point.

797. 1 Fauteuil Louis XIII, recouvert velours d'Utrecht.

798. 1 Chaise Louis XIII, au point.

799. 1 Chaise Henri II, recouverte en tapisserie de Beauvais.

ARMES

800. 1 Morion, XVIIe siècle.

800bis 1 Pistolet Louis XIV.

801. 1 Cuirasse gravée, XVIe siècle.

802. 1 Morion, XVIe siècle.

803. 1 Cuirasse, dossière noircie et polie, gravée dans les parties polies, avec gorgerin et brassards.

804. 1 Cotte de mailles à grain d'orge.

805. 1 Cotte de mailles.

806. 1 Casque cannelé, XVIe siècle.

807. 1 Casque à visière avec masque.

808. 1 Casque bourguignotte, XVIIe siècle.

809. 1 Cabasset.

810. 1 Masque.

811. 1 Casque à visière.

812. 1 Cuirasse.

813. 1 Dossière.

814. 1 Chanfrein de cheval.

815. 1 Dossière.

816. 1 Cuirasse, 1 dossière.

817. 1 Dossière.

818. 1 Cuirasse.

819. 1 Morceau de cotte.

820. 1 Demi armure, XVIIe siècle.

821. 1 Arbalète à manivelle, XVIIe siècle.

822. 1 Arbalète, XVIIe siècle.

823. 1 Arbalète à jet, XVIIe siècle.

824. 1 Arbalète, XVe siècle, garniture ivoire gravé.

825. 1 Fusil à double départ (mèche et rouet garniture ivoire gravé).

825bis 1 Pistolet Louis XIV, garniture argent.

826. 1 Fusil Arabe.

827. 1 Fusil de munition.

828. 1 Fusil Espagnol, XVIIe siècle.

829. 1 Fusil à rouet, XVIIe siècle.

830. 1 Fusil sans batterie.

831. 1 Canon tromblon de remparts.

832. 1 Canon tromblon —

833. 1 Fusil tromblon.

834. 1 Carabine à rouet.

835. 1 Fusil à mèche, Chinois.

836. 1 Fusil de remparts, à mèche, XVe siècle.

837. 1 Fusil tromblon.

838. 1 Carabine de munition, à pierre.

839. 1 Fusil à piston, à deux coups.

840. 1 Gantelet.

841. 1 Cuirasse.

842. 1 Estoc à deux mains.

843. 1 Hallebarde à marteau.

844. 1 Épieu de chasse Espagnol.

845. 1 Pique.

846. 1 Pertuisane.

847. 1 Hallebarde.

848. 1 Esponton.

849. 1 Esponton.

850. 1 Esponton.

850bis 2 Pistolets Louis XIV, garniture argent.

851. 1 Esponton.

852. 1 Epieu hallebarde.

853. 1 Esponton gravé aux armes de France.

854. 1 Esponton —

855. 1 Esponton.

856. 1 Hallebarde à boule.

857. 1 Esponton.

858. 1 Esponton.

859. 3 Lances.

860. 1 Couteau de brèche, XVe siècle.

861. 1 Fer de hallebarde à marteau.

862. 1 Batterie à pierre.

863. 1 Batterie à pierre.

864. 1 Batterie —

865 1 Lame de dague, XVIe siècle.

866. 1 Lame de dague, —

867. 1 Porte-feu, XVe siècle.

868. 1 Fer de hache d'armes.

869. 1 Épée coquille en cuivre.

870. 1 Épée Wallonne.

871. 1 Sabre d'abordage.

872. 1 Épée.

873. 1 Épée Louis XV.

874. 1 Épée, garde en fer.

875. 1 Épée —

875bis 1 Petit canon Louis XVI, sur affût.

876. 2 Fleurets Louis XV.

877. 2 Fleurets —

878. 1 Épée à garde en fer.

879. 3 Pommeaux d'épée.

880. 1 Sabre de garde du corps.

881. 1 Petite épée.

882. 1 Épée poignée cuivre.

883. 1 Épée Louis XVI.

884. 1 Épée Louis XV.

885. 1 Épée Louis XV, ciselée et dorée dans les fonds.

886. 1 Épée Louis XV, fer ajouré.

887. 1 Épée Louis XVI.

888. 1 Épée Louis XIV, damasquinée argent.

889. 1 Épée Louis XIV, monture cuivre.

890. 1 Épée Louis XIV, —

891. 1 Épée.

892. 1 Épée, garde Louis XV.

893. 1 Épée Louis XV, garde ajourée.

894. 1 Garde Louis XVI.

895. 2 Coquilles Louis XV.

896. 1 Fer d'esponton gravé.

897. 1 Garde, 1 coquille ciselée et dorée, Louis XV.

898. 1 Porte épée acier, avec sa bélière, Louis XVI.

899. 1 Porte feu, XVIe siècle.

900. 1 Clé de rouet.

900bis 2 Petits pistolets Louis XIV.

901. 1 Coquille et sa garde ciselée, dorée.

902. 2 Macarons bronze.

903. 1 Clé à rouet, XVIe siècle.

904. 1 Éprouvette.

905. 1 Éprouvette.

906. 1 Éprouvette Louis XVI.

907. 2 Pistolets Louis XVI.

908. 1 Briquet.

909. 1 Briquet.

910. 1 Pistolet Marocain.

911. 1 Batterie à pierre ciselée.

912. 2 Pistolets Louis XVI.

913. 1 Clé de rouet à amorçoir.

914. 1 Pistolet Louis XV.

915. 1 Couteau poignard et pistolet.

916. 1 Épée Espagnole, XVIIe siècle.

917. 1 Épée de Garde Française.

918. 1 Épée garde en fer.

919. 1 Hallebarde perthuisane.

920. 1 Hache moyen-âge.

921. 2 Épées d'étudiant Allemand.

922. 1 Boîte à poudre, gravée, XVIe siècle.

923. 1 Boîte à poudre, cannelée, XVIe siècle.

924. 1 Amorçoir, XVIe siècle.

925. 1 Poudrière peau de chagrin, gaufrée.

925bis 2 Pistolets Louis XIV.

926. 1 Poudrière peau de chagrin, gaufrée.

927. 1 Amorçoir, XVIe siècle, velours rouge et applications argent.

928. 1 Poudrière corne, incrustations os.

929. 1 Poudrière corne, sculptée.

930. 1 Poudrière corne, —

931. 1 Poudrière corne, brûlée.

932. 1 Poignard.

933. 1 Poignard.

934. 1 Cris Malais.

935. 1 Couteau chasse Louis XV, manche ivoire, garnitures argent.

936. 1 Couteau chasse, garnitures bronze.

937. 1 Amorçoir, XVIIe siècle.

938. 1 Poignard.

939. 1 Couteau de chasse.

940. 1 Couteau de chasse.

941. 1 Amorçoir.

942. 4 Lames d'épée.

943. 1 Épée Louis XVI.

944. 1 Sabre Directoire, fourreau cuivre.

945. 1 Sabre Directoire, —

946. 1 Sabre Directoire, fourreau cuivre.

947. 1 Canon à boîte (sans boîte), XVIe siècle.

948. 1 Hallebarde.

949. 1 Hallebarde.

950. 1 Hallebarde.

951. 1 Hallebarde.

952. 1 Casque à visière.

953. 1 Cuirasse.

954. 1 Épée Louis XVI.

955. 1 Épée Louis XVI.

956. 1 Épée Louis XV.

957. 1 Épée Louis XV.

958. 1 Épée Empire.

959. **125 Pièces armes non cataloguées et armes Indiennes.**

MEUBLES (suite des)

960. 1 Table Louis XIII, à croisillons.

961. 1 Table Henri II.

962. 1 Table Louis XIII, pieds double torse.

963. 1 Table Henri II.

964. 1 Table Louis XIII.

965. 1 Petit pupitre Louis XIII.

966. 1 Grande table Henri II.

967. 1 Table Louis XIII, à tiroir.

968. 1 Table à oreilles Louis XIII.

969. 1 Petite toilette, style Louis XV.

970. 1 Table jardinière Louis XVI.

971. 1 Table Louis XIII.

972. 1 Table Louis XIII.

973. 1 Table Louis XIII.

974. 1 Table Louis XIII, pliante.

975. 1 Fauteuil Louis XVI, paillé.

976. 1 Table Henri II.

977. 1 Table Henri II.

978. 1 Table Louis XIII.

979. 1 Table Louis XIII.

980. 1 Table Louis XIII.

981. 1 Table Henri II.

982. 2 Chaises Louis XIII.

983. 1 Chaise Henri II.

984. 1 Fauteuil Louis XIII.

985. 1 Table Louis XV.

986. 1 Table Louis XV.

987. 1 Table Louis XV.

988. 1 Table Louis XVI.

989. 1 Table Louis XVI.

990. 1 Table Louis XV.

991. 12 Colonnes Louis XVI.

992. 1 Table de nuit Louis XV.

993. 1 Petit coffre Renaissance, à 6 tiroirs.

994. 1 Panneau bois sculpté : *Christ en croix.*

995. 1 Panneau Louis XVI, bois sculpté.

996. 1 Panneau Louis XVI, bois sculpté et doré.

997. 1 Panneau bois sculpté et doré, armoiries surmontées d'une couronne.

998. 1 Grande statue bois.

999. 3 Attributs Louis XVI, bois doré.

1000. 4 Panneaux à médaillon, Louis XV, bois sculpté.

1001. 1 Étagère Louis XIII.

1002. 3 Montants Louis XVI, bois sculpté.

1003. 1 Guéridon Louis XIII.

BRONZES, CURIOSITÉS, ARTICLES DIVERS

1004. 1 Lustre Empire, bronze et cristal, à 8 lumières.

1005. 2 Petites statuettes bronze, avec socle marbre, Louis XVI.

1006. 1 Bronze : *L'Écorché*.

1007. 1 Bronze de Mène : *Chèvre*.

1008. 1 Bronze de Mène : *Cerf*.

1009. 1 Statuette bronze : *Femme à la Cruche*, de Daney.

1010. 1 Statuette bronze : *Femme à la Corbeille*, de Daney.

1011. 1 Buste bronze : *Hippocrate*.

1012. 1 Mortier bronze avec couvercle et pilon.

1013. 2 Petits bustes bronze.

1014. 2 Statuettes de Camberworth et Quesnel, bronze : *L'Innocence réchauffant un serpent*, et la *Candeur*.

1015. 1 Statuette bronze : *Amour*, avec socle marbre.

1016. 1 Buste bronze : *Homère*.

1017. 1 Petite lampe bronze.

1018. 1 Mortier bronze, avec pilon.

1019. 1 Statuette bronze : *Rubens*, de Daney.

1020. 1 Statuette bronze d'art, coulée : *Saint Thomas d'Aquin*.

1021. 1 Mortier bronze avec pilon.

1022. 1 Porte encens bronze.

1023. 1 Buste bronze : *Napoléon*.

1024. 1 Petit chandelier bronze.

1025. 1 Porte montre bronze.

1026. 1 Statuette bronze, cassée, de Daney.

1027. 2 Chenêts Louis XIII, fer.

1028. 2 Grands chenêts Henri II, fer et cuivre.

1029. 2 Grands chenêts Renaissance, fer.

1030. 1 Pendule Louis XVI, marbre et bronze.

1031. 2 Statuettes : *Berger et Bergère*.

1032. 2 Statuettes bois sculpté : *Mendiants*, de CALLOT.

1033. 2 Chenêts Louis XIII, fer et cuivre.

1034. 2 Chandeliers Louis XVI.

1035. 2 Chandeliers Louis XVI, bronze.

1036. 2 Chandeliers Louis XVI.

1037. 2 Chandeliers Louis XVI, à fleurs de lis.

1038. 2 Chandeliers Louis XV.

1039. 2 Chandeliers Louis XVI.

1040. 2 Chandeliers Empire, ciselés.

1041. 2 Flambeaux Louis XVI, à 3 branches, bronze argenté.

1042. 1 Flambeau Louis XVI, à 2 branches.

1043. 2 Grands chandeliers Empire, à 3 pieds, bronze bruni.

1044. 2 Candélabres Empire à 3 branches, bronze.

1045. 1 Chandelier Louis XIII, à 2 branches, bronze.

1046. 2 Chandeliers Louis XVI, étain.

1047. 1 Chandelier Louis XVI, étain.

1048. 2 Petits chandeliers Louis XVI.

1049. 38 Chandeliers ou bougeoirs Louis XIII, Louis XIV, Louis XV, Louis XVI, bronze ou étain.

1050. 1 Socle de pendule Louis XV.

1051. 1 Petit coffret Louis XIII,fer.

1052. 3 Rafraîchissoirs bronze.

1053. 1 Petit coffret Louis XIII, bois.

1054. 2 Sabots Louis XV, bois sculpté.

1055. 1 Boîte Louis XV, laquée.

1056. 1 Boîte bois sculpté, avec inscriptions.

1057. 1 Boite Louis XIII, avec garnitures cuivre.

1058. 1 Boîte Louis XIII, écaille et garnitures argent.

1059. 1 Coffre Louis XIII, cuir, avec garnitares fer.

1060. 1 Petite boite Louis XIII, cuir gaufré, avec garnitures clous cuivre.

1061. 1 Grande boîte Louis XIV à ouvrage, tissée en paille, avec armoiries.

1062. 1 Boîte à pharmacie Louis XIII, avec flacons.

1063. 1 Petit coffret Louis XIII, cuir, garniture cuivre.

1064. 1 Boîte à liqueurs Louis XIII, cuir, garniture cuivre.

1065. 1 Jardinière Louis XVI, montée sur pieds, peinture genre vernis Martin.

1066. 2 Chandeliers d'église dorés, style Louis XVI.

1067. 1 Vase bronze ciselé.

1068. 1 Vase bronze ciselé et incrustations.

1069. 1 Gobelet Louis XVI, bronze.

1070. 1 Ciboire bronze ciselé.

1071. 1 Grande théière Louis XVI, cuivre.

1072. 1 Grande théière Louis XVI, cuivre.

1073. 1 Grande théière Louis XV, cuivre.

1074. 1 Flambeau à bouillotte Louis XVI.

1075. 1 Boîte à thé laque.

1076. 1 Coupe filigranne argent, avec garniture émail.

1077. 1 Tabatière cuivre gravée.

1078. 1 Bouteille cuivre.

1079. 1 Boîte à poudre aux initiales M A (Marie-Antoinette), satin bleu et brodée en soie d'argent et perles blanches.

1080. 2 Paniers pour hanches Louis XVI.

1081. 1 Lampe d'Église Louis XIII.

1082. 1 Lampe d'Église —

1083. 1 Lampe d'Église —

1084. 1 Lampe d'Église —

1085. 1 Ceinture de chasteté datant du moyen-âge, attribuée à la baronne de Stenbury, dont le mari suivit Richard-Cœur-de-Lion dans les guerres de Palestine.

1086. 1 Porte-montre bois sculpté.

1087. 1 Petit panneau bois sculpté et doré, sujet religieux.

1088. 1 Porte-montre Louis XIV, boule.

1089. 1 Boussole Louis XVI.

1090. 1 Petite applique Louis XIII, avec glace, cadre bois sculpté.

1091. 1 Portrait d'homme en biscuit, Louis XV, cadre bois.

1092. 1 Calendrier à cran, avec peinture donnant les dates des principales batailles de Frédéric II, roi de Prusse, de 1741 à 1779.

1093. 1 Christ ivoire, cadre Louis XV.

1094. 1 Petit reliquaire.

1095. 1 Grand reliquaire, avec cadre Louis XVI, reliques de Saint Boniface.

1096. 1 Sainte Vierge et Enfant Jésus, bois sculpté et doré.

1097. 1 Sainte Vierge et Enfant Jésus, bois sculpté et doré.

1098. 1 Statuette sculptée bois doré.

1099. 1 Panneau marbre encadré : *La Crucification*, monogramme G. N.

1100. 1 Panneau marbre encadré : *La Nativité*.

1101. 1 Panneau gothique bois sculpté : *Vierge et Enfant Jésus*.

1102. 1 Glace verre de Venise.

1103. 2 Tableaux contenant 210 boutons acier, cuivre, Louis XIV, Louis XV, Louis XVI.

1104. 1 Bénitier cuivre repoussé et ciselé, cadre bois doré sculpté.

1105. 1 Panneau : *Saint*, bois sculpté, cadre doré.

1106. 2 Panneaux bois sculpté et doré avec personnages.

1107. 1 Terre cuite, avec personnages Louis XIII.

1108. 1 Socle avec panneau bronze : *La Sainte Famille*.

1109. 1 Glace Louis XIII.

1110. 1 Glace Louis XVI.

1111. 1 Glace Louis XIII, cadre bois sculpté.

1112. 1 Buste de Saint, cuivre repoussé, avec socle et reliquaire au centre.

1113. 1 Statue marbre : *Femme et Amour*, avec socle.

1114. 1 Statuette Louis XV, portrait d'homme, terre cuite.

1115. 1 Malle Louis XIII, en peau et incrustations.

1116. 1 Casaque soie lamée paille.

1117. 1 Habit Louis XV, velours et riche broderie soie couleur.

1118. 1 Corsage Louis XV, vieille soie.

1119. 1 Gilet Louis XV, satin brodé.

1120. 6 Corsages ou culottes Louis XV.

1121. 1 Mouchoir avec armoiries aux deux angles, garni Valenciennes.

1122. 25 Mouchoirs, nappes ou rideaux, vieille guipure ou dentelle des Flandres.

1123. 1 Rideau Louis XV, en brocard.

1124. 1 Caisse à pharmacie Louis XIII, avec 8 flacons verre gravé.

1125. 1 Glace médaillon Louis XV, cadre bois sculpté.

1126. 1 Petit panneau : *Saint Pierre*, bois doré et sculpté.

1127. 1 cuivre repoussé : *Saint Jean-Baptiste.*

1128. 1 Panneau brodé soie floche : *Sainte Jeanne.*

1129. 1 Médaillon tapisserie de la Savonnerie.

1130. 1 Petit tableau sur soie, brodé soie.

1131. 1 Petit tableau sur soie, —

1132. 1 Petit tableau sur soie, cadre bois sculpté.

1133. 1 Petit tableau sur soie.

1134. 1 Devant de cheminée Louis XIII, brodé et perlé.

1135. 1 Paravent à 4 feuilles Louis XIII, broderie et applications soie.

1136. 1 Paravent à 6 feuilles, broderie au point.

1137. 1 Boîte vernis Martin.

1138. 1 Pendule Louis XIII, applique.

1139. 1 Réchaud Louis XIII, à main.

1140. 1 Boite Louis XIII.

1141. 1 Glace cadre Louis XVI, bois peint.

1142. 1 Panneau vieille soie, brodé.

1143. 1 Coffrefort Louis XIII.

1144. 4 Statues pierre : *Les Quatre Saisons*.

1145. 5 Rouets.

1146. 1 Socle bas-relief bois sculpté.

1147. 1 Écritoire genre boule.

1148. 1 Écritoire bronze.

1149. 1 Lampe Empire, quinquet à 3 branches.

1150. 1 Potiche porcelaine de Chine.

1151. 1 Boîte bois d'acajou et marqueterie.

1152. 1 Petit Boudha.

1153. 1 Petit chandelier Empire.

1154. 1 Boite avec 26 boutons Louis XV et Louis XVI.

1155. 1 Mortier bronze.

1156. 9 Bas-reliefs, bois sculpté avec personnages.

1157. 1 Coffre de pendule Louis XIV, incrustations écaille.

1158. 1 Statuette : *Saint*, bois sculpté.

1159. 1 Panneau Louis XVI, bois sculpté.

TABLEAUX ET GRAVURES

1160. 1 Grand tableau : *Femme couchée et Amour*, École française.

1161. 1 Aquarelle : *Femme couchée et Amour*,

1162. 1 Portrait d'homme Louis XV, cadre bois sculpté.

1163. 1 Tableau Flamand : *Buveur*.

1164. 1 Panneau, avec peinture trompe-l'œil.

1165. 1 Tableau gothique : *Vierge et Enfant Jésus*, cadre bois sculpté.

1166. 1 Tableau gothique : *Un Saint*, cadre bois sculpté.

1167. 1 Tête de Christ sur cuivre, cadre riche, sculpture avec amours.

1168. 1 Petit tableau : *Intérieur de Tabagie*, cadre bois sculpté.

1169. 1 Tableau sur cuivre : *Portrait de Sainte.*

1170. 1 Tableau : *La Sculpture*, portrait de femme.

1171. 1 Petit panneau sur bois : *Guerrier*.

1172. 1 Petit panneau sur bois : *Femme et Amour*.

1173. 1 Tête de vieillard, panneau sur bois, cadre bois doré.

1174. 1 Tableau : *Portrait de jeune fille.*

1175. 1 Tableau gothique : *Portrait de Sainte.*

1176. 1 Tableau : *Vierge et Enfant Jésus.*

1177. 1 Petit panneau Flamand.

1178. 1 Tableau : *Singe, Leçon de musique.*

1179. 1 Grande gravure : *Le Jugement universel.*

1180. 6 Panneaux pour paravent, peinture à la colle sur toile.

1181. 1 Gravure coloriée : *L'Ascension.*

1182. 1 Gravure en noir : *Christ.*

1183. 1 Grande gravure : *Sujet religieux.*

1184. 1 Gravure coloriée : *Femmes couchées.*

1185. 1 Gravure à la sanguine : *Diane.*

1186. 1 Gravure en noir : *Scène champêtre.*

1187. 1 Gravure en noir : *Lord Straford.*

1188. 1 Gravure en noir : *Lusores.*

1189. 1 Gravure en noir : *La Cène.*

1190. 1 Gravure en noir : *La Cène.*

1191. 1 Petit tableau sur cuivre, paysage avec personnages.

1192. 2 Gravures Anglaises : *Cerf.*

1193. 1 Dessin : *Amours.*

1194. 1 Gravure : *Samuel Bernard.*

1195. 1 Gravure : *Moyse.*

1196. 1 Gravure : *Amour et Psyché.*

1197. 2 Gravures : *Frontispices*.

1198. 1 Petite gravure Anglaise : *Enfant*.

1199. 1 Gravure : *Henri-Léonard J.-B. Bertin*.

1200. 1 Gravure, gravée par WERFF.

1201. 1 Gravure coloriée : *Saint Léonard*.

1202. 1 Gravure en noir : *Fénelon*.

1203. 1 Gravure coloriée : *Le feu*, cadre bois sculpté.

1204. 1 Petit tableau : *Amour*, genre BOUCHER.

1205. 1 Gravure : *Odalisque*.

1206. 1 Gravure : *Apothéose*.

1207. 1 Petite aquarelle : *Paysage*.

1208. 1 Gravure : *Charles Ier*.

1209. 1 Gravure Anglaise.

1210. 1 Eau-forte, gravée par JOUY.

1211. 2 Gravures anglaises : *La Résistance inutile* et *Il a cueilli ma rose*.

1212. 1 Album gravures et eaux-fortes en feuilles.

LIVRES

1213. **900 Volumes, ouvrages de littérature, sciences et arts, qui seront vendus au détail.**

FERRONNERIES

1214. **20 portails, rampes de croisées, de balcons et d'escaliers Louis XIII, Louis XV et Louis XVI, qui seront vendus au détail.**

1215. 1 Heurtoir Louis XIII.

1216. 1 Heurtoir Louis XVI.

1217. 1 Paire pelle et pincettes Louis XVI.

1218. 1 Paire pelle et pincettes —

1219. 1 Paire pelle et pincettes Louis XIII.

1220. 2 Appliques Louis XIII.

1221. 1 Heurtoir —

1222. 1 Heurtoir Louis XVI.

1223. 1 Heurtoir Louis XIII.

1224. 1 Heurtoir —

1225. 1 Lanterne Louis XIII.

1226. 1 Heurtoir —

1227. 1 Chandelier —

1228. 1 Chandelier —

1229. 1 Heurtoir —

1230. 1 Heurtoir —

1231. 1 Heurtoir —

1232. 1 Heurtoir Louis XIII.

1233. 1 Coffre Louis XIII, avec cadenas et clé.

1234. 1 Collier Renaissance.

1235. 1 Applique Louis XV.

1236. 1 Serrure avec aubranière et clé Louis XIII.

1237. 1 Serrure — —

1238. 1 Serrure — —

1239. 1 Serrure — —

1240. 1 Serrure Louis XIII et clé.

1241. 1 Serrure Louis XIII.

1242. 1 Serrure —

1243. 1 Serrure —

1244. 1 Dessus de boîte Louis XVI.

1245. 1 Entrée de serrures moyen-âge.

1246. 1 Poignée de crémone Louis XV.

1247. 1 Loquet Louis XIII.

1248. 1 Heurtoir Louis XIII.

1249. 1 Entrée de malle Louis XIII.

1250. 1 Heurtoir Louis XV.

1251. 1 Girouette.

1252. 1 Armoierie Louis XV.

1253. 1 Couronne de grand portail Louis XVI.

1254. 52 Clés en bronze ou en fer, XIIIe, XIVe et XVe siècles.

1255. 1 Candélabre Empire, avec baïonnettes.

1256. 6 Cadenas.

1257. 1 Plaque de foyer Louis XIII.

1258. 1 Plaque de foyer —

1259. 1 Plaque de foyer —

1260. 2 Chenêts Louis XIII.

1261. 1 Garde cendres Louis XVI.

1262. 1 Devant de foyer Louis XIII.

1263. 1 Petit plateau ajouré.

1264. 1 Médaillon fonte.

1265. 1 Médaillon fonte : *La Nativité.*

1266. 1 Grande plaque fonte, avec personnages.

1267. 1 Entrée de malle Louis XIII.

ÉVENTAILS ET OBJETS DE VITRINE

1268. 1 Éventail Louis XV, peinture sur peau et garniture or et argent.

1269. 1 Éventail Louis XV avec peinture, monture nacre.

1270. 1 Éventail japonais Louis XV, monture nacre.

1271. 1 Éventail Louis XVI, avec grisailles, monture ivoire et incrustations.

1272. 1 Éventail Louis XVI, peinture sur soie, monture ivoire.

1273. 1 Éventail Louis XV, peinture sur soie perlée, monture argent doré.

1274. 1 Éventail Louis XV, scène champêtre, peinture sur ivoire.

1275. 1 Éventail Louis XV, sujet : *La Musique*, monture ivoire.

1276. 1 Éventail Louis XVI, peinture sur ivoire.

1277. 1 Éventail Louis XVI, peinture sur ivoire.

1278. 1 Éventail Louis XVI, monture nacre.

1279. 1 Éventail Louis XVI, filigrané.

1280. 1 Éventail Louis XVI, peinture sur peau, garniture or et argent.

1281. 1 Éventail Louis XVI, brodé sur soie, monture écaille.

1282. 1 Éventail Louis XVI, peinture sur soie, monture écaille.

1283. 1 Éventail Louis XVI, peinture sur soie.

1284. 1 Éventail Louis XVI, peinture sur peau, monture ivoire.

1285. 1 Éventail Louis XVI, peinture sur soie, monture ivoire avec incrustations.

1286. 1 Éventail Louis XV, peinture sur ivoire.

1287. 1 Éventail Louis XV, peinture sur ivoire, scène champêtre.

1288. 1 Éventail Louis XVI, broderie argent, sur crêpe.

1289. 1 Éventail Louis XV, peinture sur parchemin, ivoire sculpté.

1290. 1 Éventail Louis XV, peinture sur papier, monture ivoire sculpté.

1291. 1 Éventail Hollandais, peinture sur parchemin, monture ivoire.

1292. 1 Éventail Louis XVI, peinture sur soie, monture ivoire.

1293. 1 Éventail Louis XVI, peinture sur papier, monture ivoire avec incrustations.

1294. 1 Éventail Hollandais, peinture sur papier, monture ivoire.

1295. 1 Éventail Hollandais, peinture sur parchemin, monture ivoire.

1296. 1 Éventail Louis XV, peinture sur papier, monture ivoire sculpté.

1297. 1 Éventail Louis XV, peinture sur parchemin, monture ivoire sculpté.

1298. 1 Éventail Louis XVI, peinture sur peau, monture ivoire sculpté.

1299. 1 Éventail Louis XVI, peinture sur peau, monture nacre.

1300. 1 Éventail Louis XVI, peinture sur soie, monture ivoire.

1301 1 Éventail Louis XV, monture ivoire, avec incrustations nacre.

1302. 1 Éventail Louis XVI, peinture sur peau, monture ivoire avec incrustations.

1303. 1 Éventail avec peinture, monture nacre et incrustations.

1304. 1 Éventail Louis XVI, peinture sur peau, monture nacre.

1305. 1 Éventail Louis XVI, peinture sur soie, monture ivoire.

1306. 1 Éventail Louis XVI brodé or, monture écaille.

1307. 1 Éventail Hollandais, peinture sur ivoire.

1308. 1 Éventail Louis XVI, peinture grisaille, montûre ivoire.

1309. 1 Éventail Louis XV, monture ivoire, avec incrustations.

1310. 1 Éventail Louis XVI, peinture sur peau, monture ivoire avec incrustations.

1311. 1 Éventail Louis XVI, peinture sur peau.

1312. 1 Éventail Louis XV, écaille, avec incrustations.

1313. 1 Éventail Louis XVI, bois de santal, avec incrustations.

1314. 1 Éventail écaille, avec incrustations.

1315. 1 Éventail écaille, —

1316. 1 Éventail écaille, —

1317. 1 Éventail ivoire, avec peintures.

1318. 1 Éventail ivoire, —

1319. 1 Éventail ivoire, —

1320. 1 Éventail Empire, bois de Santal, avec peinture.

1321. 1 Éventail Louis XV brodé.

1322. 1 Éventail, personnages et musique.

1323. 1 Éventail, scène champêtre.

1324. 1 Éventail, scène champêtre.

1325. 1 Éventail Empire.

1326. 1 Éventail —

1327. 1 Éventail —

1328. 1 Éventail —

1329. 56 Éventails Louis XV, Louis XVI et Empire.

1330. 1 Tabatière Louis XVI, nacre.

1331. 1 Boîte écaille, monture bronze.

1332. 1 Etui Louis XVI, nacre.

1333. 1 Bonbonnière porcelaine avec incrustations.

1334. 1 Bonbonnière émail.

1335. 1 Porte-notes Louis XVI, nacre.

1336. 1 Tabatière écaille.

1337. 1 Tabatière Louis XVI, écaille.

1338. 1 Tabatière Louis XVI bois, avec portrait.

1339. 1 Poignée d'épée Louis XVI.

1340. 1 Étui bois, avec peinture Louis XV.

1341. 1 Tabatière cercueil garniture argent.

1342. 1 Broche avec peinture grisaille.

1343. 1 Étui à lunettes Louis XVI, cuir gauffré.

1344. 1 Trousse cuir de Russie gauffré.

1345. 1 Portefeuille Louis XV, soie, brodé or.

1346. 1 Cinet Louis XV.

1347. 1 Petite grisaille cuivre repoussé.

1348. 27 Boules Louis XV, Louis XVI et Louis XIII, qui seront vendues par lots.

1349. 5 Flacons à odeur, gravés or.

1350. 1 Écrin Louis XV, à couvert maroquin.

1351. 2 Feuilles armoiries.

1352. Portrait de Sainte, avec cadre écaille.

1353. 1 Boussole Louis XVI.

1354. 1 Support écaille.

1355. 1 Calice Louis XV.

1356. 1 Ciboire.

1357. 1 Petite peinture sur ivoire grisaille.

1358. 1 Flacon Louis XV, avec incrustations.

1359. Portrait de Femme, ivoire.

1360. 1 Mercure bronze.

1361. 1 Statuette bronze.

1362. 1 Boîte à lancettes Louis XVI.

1363. 1 Tabatière cuivre, avec inscriptions.

1364. 1 Peigne Louis XIII, avec incrustations.

1365. 1 Petit livre Louis XV, avec fermoir argent.

1366. 1 Bénitier étain.

1367. 1 Réveil cuivre ciselé.

1368. 1 Blague tapisserie Louis XV.

1369. 1 Bourse Louis XIII, brodée.

1370. 1 Portefeuille vieille soie, brodé or.

1371. Portrait cuivre repoussé.

1372. 2 Petits médaillons, portraits, bronze.

1373. Petit médaillon, tête de femme, fer.

1374. Petite tête femme, médaillon porcelaine.

1375. 1 Cachet en fer.

1376. 1 Cachet en cuivre.

1377. 1 Cachet —

1378. 1 Cachet —

1379. 1 Petit reliquaire.

1380. 1 Petite galère.

BIJOUX ET ARGENTERIE

1381. 1 Montre Louis XVI, or.

1382. 1 Montre —

1383. 1 Boîtier de montre Louis XVI, cuivre.

1384. 1 Montre Louis XVI, cuivre, avec émail.

1385. 1 Montre Louis XV, argent et enveloppe cuir.

1386. 1 Montre Louis XV, cuivre, avec émail intérieur et extérieur.

1387. 1 Montre Louis XVI, cuivre.

1388. 1 Montre Louis XV, argent, avec double enveloppe écaille.

1389. 1 Montre à répétition Louis XVI, cuivre.

1390. 1 Montre Louis XVI, avec personnages sur le cadran.

1391. 1 Montre Louis XV, argent.

1392. 1 Montre Louis XVI, cuivre, avec personnages sur le cadran.

1393. 1 Montre Louis XV, argent.

1394. 1 Montre cuivre.

1395. 1 Montre argent.

1396. 1 Montre Louis XVI.

1397. 1 Clé de montre Louis XVI, or et agathe.

1398. 1 Châtelaine argent.

1399. 1 Châtelaine Louis XV, cuivre.

1400. 1 Châtelaine avec mosaïque.

1401. 1 Agraffe argent doré.

1402. 1 Porte-mine Louis XVI, argent.

1403. 1 Nécessaire Louis XV.

1404. 1 Paire boucles d'oreilles, argent et pierre.

1405. 1 Broche argent doré, émail et perles.

1406. 1 Bague or.

1407. 1 Collier, 2 boucles d'oreilles, argent et pierre.

1408. 1 Miniature, avec cadre or.

1409. 1 Grisaille sur émail.

1410. 1 Chaîne cuivre.

1411. 1 Châtelaine Louis XV.

1412. 1 Chapelet corail.

1413. 1 Chapelet.

1414. 1 Broche et 2 boucles d'oreilles, turquoises et perles fines.

1415. 1 Couvert et 1 couteau vermeil.

1416. 1 Huilier Empire argent.

1417. 1 Salière Louis XVI, argent.

1418. 1 Brûle-parfum argent.

1419. 1 Peigne Louis XV, argent.

1420. 1 Epinglette Louis XV, médaille argent.

1421. 1 Epinglette médaille ancienne.

1422. 1 Clé de montre Louis XVI.

1423. 1 Paire pendants d'oreilles strass.

1424. 1 Paire pendants d'oreilles strass.

1425. 1 Paire — —

1426. 1 Bracelet argent et pierres.

1427. 1 Paire ciseaux Louis XVI.

1428. 1 Paire ciseaux Louis XV.

1429. 1 Médaille Louis XVI.

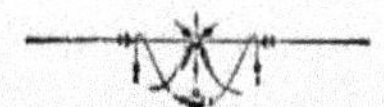

RED. :

20

www.ingramcontent.com/pod-product-compliance
Ingram Content Group UK Ltd.
Pitfield, Milton Keynes, MK11 3LW, UK
UKHW021550260726
13993UKWH00002B/745

9 782329 267791